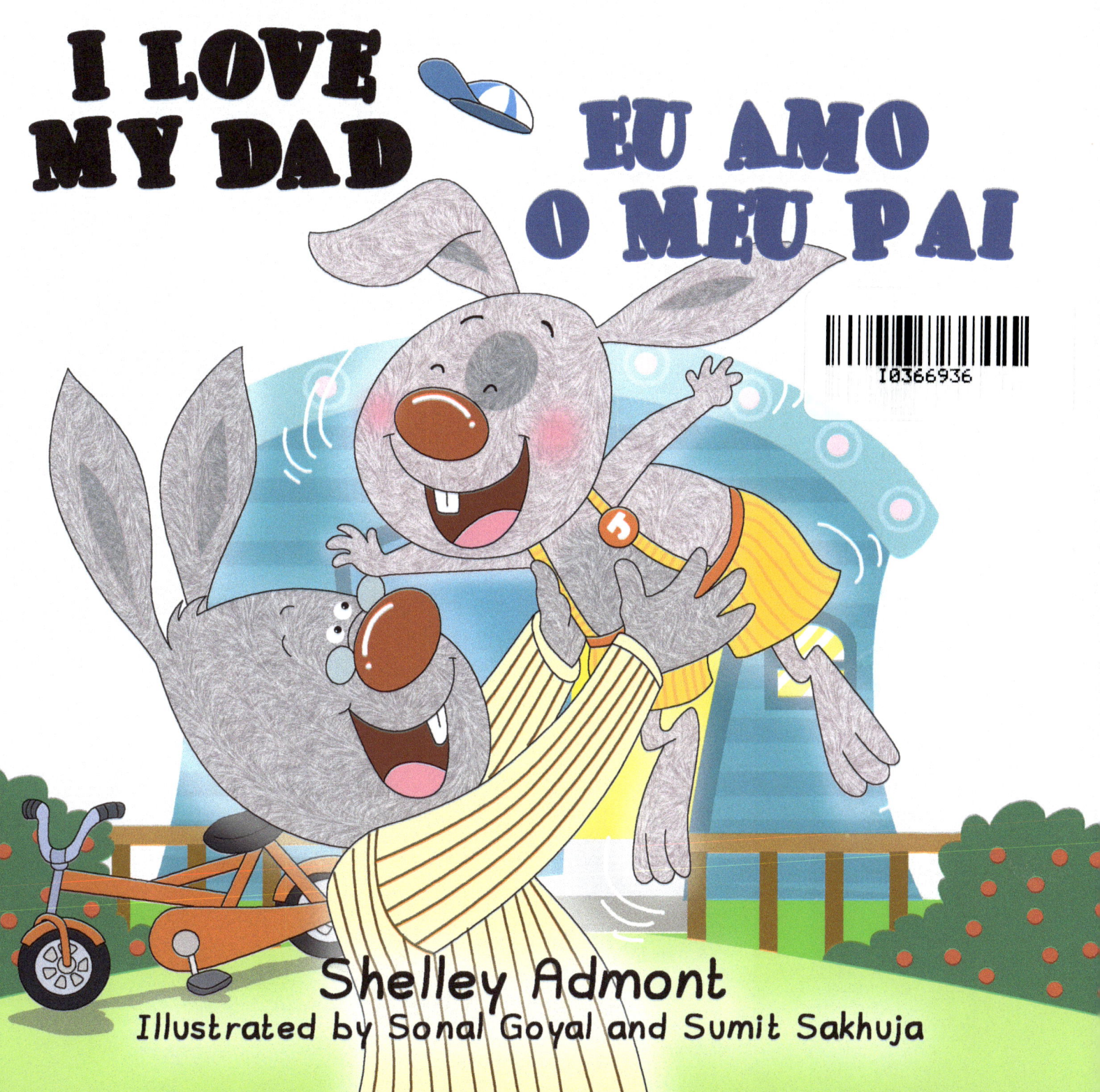

www.kidkiddos.com
Copyright©2014 by S. A. Publishing ©2017 by KidKiddos Books Ltd.
support@kidkiddos.com

All rights reserved. No part of this book may be reproduced in any form or by any electronic or mechanical means, including information storage and retrieval systems, without written permission from the publisher or author, except in the case of a reviewer, who may quote brief passages embodied in critical articles or in a review.

Todos os direitos reservados. Nenhuma parte deste livro pode ser reimpressa ou reproduzida de qualquer forma, ou por qualquer meio electrónico, mecânico ou outro, agora conhecido ou futuramente inventado, incluindo fotocópia e gravação, ou em qualquer armazenamento de informação ou sistema de recuperação, sem a permissão por escrito dos editores.
First edition, 2019

Translated from English by Vanessa Machado
Traduzido do Inglês por Vanessa Machado
Portuguese editing by Dália Rodrigues
Revisão portuguesa por Dália Rodrigues

Library and Archives Canada Cataloguing in Publication Data
I Love My Dad (Portuguese Portugal Bilingual Edition)/ Shelley Admont
ISBN: 978-1-5259-1479-9 paperback
ISBN: 978-1-5259-1480-5 hardcover
ISBN: 978-1-5259-1478-2 eBook

Please note that the Portuguese and English versions of the story have been written to be as close as possible. However, in some cases they differ in order to accommodate nuances and fluidity of each language.

For those I love the most–S. A.
Para aqueles que eu mais amo–S.A.

One summer day, Jimmy the little bunny and his two older brothers were riding their bicycles. Their dad sat in the backyard, reading a book.

Num dia de verão, Jimmy, o pequeno coelho, e os seus dois irmãos mais velhos andavam de bicicleta. O pai deles estava sentado no quintal a ler um livro.

The two older bunnies laughed loudly as they raced. Jimmy tried to catch up on his training wheel bike.

Os dois coelhos mais velhos riam alto enquanto faziam corridas. O Jimmy tentou apanhá-los na sua bicicleta com rodinhas de apoio.

"Hey, wait for me! I want to race too!" Jimmy shouted. But his brothers were too far away and his bike was too small.

"Ei, esperem por mim! Também quero entrar na corrida!" gritou ele. Mas os seus irmãos estavam demasiado longe e a sua bicicleta era muito pequena.

Soon his brothers returned, giggling to each other. "It's not fair," screamed Jimmy. "I want to ride your big bikes too."

Pouco depois, os irmãos voltaram, rindo um para o outro. "Não é justo," gritou o Jimmy. "Eu também quero andar nas vossas bicicletas grandes."

"But Jimmy, you're too small," said his oldest brother.

"Mas, Jimmy, és muito pequenino," disse o seu irmão mais velho.

"And you don't even know how to ride a two-wheeler," said the middle brother.

"E nem sequer sabes andar só com duas rodas," disse o irmão do meio.

"I'm not small!" shouted Jimmy. "I can do everything you can!"

"Eu não sou pequeno!" gritou o Jimmy. "Consigo fazer tudo o que vocês conseguem!"

He ran to his brothers and grabbed one of the bicycles. "Just watch!" he said.

Ele correu até aos irmãos e pegou numa das bicicletas. "Vejam só!" disse.

"Be careful!" yelled his oldest brother, but Jimmy didn't listen.

"Tem cuidado!" gritou o seu irmão mais velho, mas o Jimmy não ouviu.

Throwing one leg over, he tried to climb the large bike. At that moment, he lost his balance and crashed on the ground, directly into a mud puddle.

Passando uma perna por cima, tentou subir para a bicicleta grande. Nesse momento, ele perdeu o equilíbrio e caiu no chão, mesmo numa poça de lama.

His two older brothers burst out laughing.

Os dois irmãos mais velhos começaram a rir-se muito.

Jimmy jumped on his feet and wiped his muddy hands on his dirty pants.

O Jimmy pôs-se de pé e limpou as mãos cheias de lama nas suas calças sujas.

This just caused his brothers to laugh more.

Isto só fez com que os seus irmãos se rissem mais.

"Sorry, Jimmy," said the oldest brother in between laughter. "It's just too funny."

"Desculpa, Jimmy," disse o irmão mais velho entre risos. "É que é muito engraçado."

Jimmy couldn't stand it anymore. He kicked the bike and ran home with tears streaming down his face.

O Jimmy não aguentava mais. Deu um pontapé na bicicleta e correu para casa com lágrimas a escorrerem-lhe pela cara.

Dad watched his sons from the backyard. He closed his book and went towards Jimmy.

O Pai observava os seus filhos do quintal. Ele fechou o seu livro e foi ter com o Jimmy.

"Honey, what happened?" he asked.

"Querido, o que aconteceu?" perguntou.

"Nothing," grumbled Jimmy. He tried to wipe away his tears with his dirty hands, but instead he smudged his face even more.

"Nada," resmungou o Jimmy. Ele tentou limpar as lágrimas com as mãos sujas, mas em vez disso sujou ainda mais a cara.

Dad smiled and said quietly, "I know what can make you laugh…"

O Pai sorriu e disse, calmamente, "Eu sei o que te vai fazer rir…"

"Nothing can make me laugh now," said Jimmy, crossing his arms.

"Nada me consegue fazer rir agora," disse o Jimmy, cruzando os braços.

"Are you sure?" said Dad and began to tickle Jimmy until he smiled.

"Tens a certeza?" disse o Pai e começou a fazer cócegas ao Jimmy até ele sorrir.

Then he tickled him so much that Jimmy started giggling.

Depois fez-lhe tantas cócegas que o Jimmy começou a rir.

They rolled on the grass, tickling each other until they both laughed loudly.

Eles rebolaram na relva, a fazerem cócegas um ao outro até os dois rirem muito alto.

Still hiccupping from his hysterical laughter, Jimmy jumped on Dad's lap and hugged him tight.

Ainda a soluçar do seu riso histérico, o Jimmy saltou para o colo do Pai e abraçou-o com força.

"I was watching you ride your bike," said Dad, hugging him back.

"Estava a ver-te a andar de bicicleta," disse o Pai, abraçando-o de volta.

"And I think you're ready to ride a two-wheeler."

"E eu acho que estás preparado para andar com duas rodas."

Jimmy's eyes sparkled with excitement. He jumped on his feet. "Really? Can we start now? Please, please, Daddy!"

Os olhos do Jimmy brilharam de excitação. Ele pôs-se de pé. "A sério? Podemos começar agora? Por favor, por favor, Papá!"

After a long bath and a family dinner, Jimmy went to bed. That night he could barely sleep.

Depois de um longo banho e de um jantar em família, o Jimmy foi para a cama. Ele mal conseguiu dormir nessa noite.

He woke up again and again to check if it was morning.

Acordou uma e outra vez para confirmar se já era de manhã.

As soon as the sun rose, Jimmy ran to his parents' bedroom.

Assim que o sol nasceu, ele correu para o quarto dos pais.

Jimmy tiptoed towards their bed and gave his father a little shake. Dad just turned to the other side and continued snoring peacefully.

O Jimmy foi pé ante pé para a cama deles e deu um abanãozinho ao seu pai. O Pai apenas se virou para o outro lado e continuou a ressonar em paz.

"Daddy, we need to go," Jimmy murmured and pulled off his covers.

"Papá, temos de ir," murmurou o Jimmy e puxou os seus lençóis.

Dad jumped and his eyes flew open. "Ah? What? I'm ready!"

O Pai deu um salto e os seus olhos abriram-se. "Hã? O quê? Estou pronto!"

"Shhhh..." whispered Jimmy. "Don't wake anybody."

"Chiu..." sussurrou o Jimmy. "Não acordes ninguém."

While the rest of the family was still sleeping, they brushed their teeth and went out.
Enquanto o resto da família ainda estava a dormir, eles lavaram os dentes e saíram.

As he opened the door Jimmy saw his orange bike, sparkling in the sun. The training wheels were off.
Quando abriu a porta, o Jimmy viu a sua bicicleta cor de laranja a brilhar ao sol. As rodinhas de apoio tinham sido retiradas.

"Thank you, Daddy!" he shouted as he ran to his bike.
"Obrigado, Papá!" gritou enquanto corria para a sua bicicleta.

Dad showed him how to mount it and how to pedal. "Let's have some fun!" he said, putting a helmet on Jimmy's head.
O Pai mostrou-lhe como subir para a bicicleta e como pedalar. "Vamos nos divertir!" disse ele, colocando um capacete na cabeça do Jimmy.

Jimmy took a deep breath, but didn't move. "Come on. I'll help you into the seat," Dad insisted.

O Jimmy respirou fundo, mas não se mexeu. "Anda lá. Eu ajudo-te a sentares-te," insistiu o Pai.

"Umm…" mumbled Jimmy, his voice shaking. "I'm…I'm scared. What if I fall again?"

"Humm…" balbuciou o Jimmy, a sua voz a tremer. "Eu…Eu tenho medo. E se cair outra vez?"

"Don't worry," reassured his dad. "I'll stay close to catch you if you fall."

"Não te preocupes," tranquilizou-o o pai. "Eu fico por perto para te apanhar se caíres."

Jimmy hopped on his bike and began pedaling slowly.

O Jimmy saltou para a sua bicicleta e começou a pedalar devagar.

When the bike tipped to the right, Jimmy leaned to the left. When the bike tipped to the left, Jimmy leaned to the right.

Quando a bicicleta se virou para a direita, o Jimmy inclinou-se para a esquerda. Quando a bicicleta se virou para a esquerda, o Jimmy inclinou-se para a direita.

Sometimes he fell down, but he didn't give up – he tried over and over again.

Ele caiu algumas vezes, mas não desistiu – tentou uma e outra vez.

Morning after morning they practiced together.

Treinaram juntos, manhã após manhã.

Dad held on while Jimmy wobbled, and eventually the little bunny learned to pedal fast.

O Pai segurava-o quando o Jimmy se desequilibrava, e eventualmente o pequeno coelho aprendeu a pedalar depressa.

Then one day Dad let go and Jimmy could ride all by himself without falling even once!

Então, um dia, o Pai largou-o e o Jimmy pôde andar totalmente sozinho sem cair uma única vez!

"And I can race too!" exclaimed Jimmy.

"E também posso fazer corridas!" exclamou o Jimmy.

That day Jimmy raced with brothers.

Naquele dia, o Jimmy fez uma corrida com os irmãos.

Guess who won the race?

Adivinhas quem ganhou a corrida?

www.ingramcontent.com/pod-product-compliance
Lightning Source LLC
Chambersburg PA
CBHW061135070526
44584CB00033B/4329